Félix RŒDER

Saint Thomas au Mont Cassin

NOTES ET HYPOTHÈSES

ÉDITIONS DES *QUESTIONS ECCLÉSIASTIQUES*
N° 95. — Mai 1911

LILLE

RÉDACTION :
3, rue d'Isly

ADMINISTRATION
15, rue d'Angleterre

Félix RŒDER

Saint Thomas au Mont Cassin

NOTES ET HYPOTHÈSES

EDITIONS DES *QUESTIONS ECCLÉSIASTIQUES*
N° **95**. — Mai 1911

LILLE

RÉDACTION :
3, rue d'Isly

ADMINISTRATION :
15, rue d'Angleterre

Saint Thomas au Mont Cassin

NOTES ET HYPOTHÈSES [A]

La Bibliothèque du Mont Cassin conserve le procès-verbal d'un don de vingt sous d'or fait au monastère, le 3 mai 1231, par le Comte Landulf d'Aquin (1). Tout porte à croire que ce fut à l'occasion de l'entrée de son fils à l'école de l'abbaye. L'enfant y demeura jusqu'à l'occupation du monastère par les soldats de Frédéric II, roi de Naples et empereur d'Allemagne, en 1239 (2). Thomas d'Aquin fut donc l'élève des Bénédictins depuis sa sixième (3) jusqu'à sa quatorzième année.

I

En ce temps-là, très habituellement, presque chaque abbaye tenait une école dirigée par des moines réputés pour leur vertu et leur savoir. Ils ne possédaient pas seulement les lettres divines ; les sciences mathématiques, la musique,

[A] Bibliographie. — E. BERTAUX, *Histoire de l'Art dans l'Italie Méridionale*, I, Paris, 1904. — D. Andrea CARAVITA, *I codici e le arti a Monte Cassino*, II. *Monte Cassino e Napoli*, 1870. — CAYRO, *Storia d'Aquino*, Napoli, 1808. — *Chronicon Casinense*, auct. Leone MARSICANO et Petro DIACONO, P. L. t. 173. — ENDRES, *Thomas von Aquin*, Mainz, 1910. — W. GIESEBRECHT, *De litterarum studiis apud Italos primis medii aevi saeculis*, Berlin, 1846. — MONTALEMBERT. *Les Moines d'Occident*, VI, Paris, 1877. — K.-A. SCHMIDT, *Encyklopaedie des gesamten Erziehungs-und Unterrichtswesens*, Stuttgart, 1876-87. — D. Luigi TOSTI, *Storia della Badia di Monte Cassino*, M.-C., 1842. — K. WERNER, *Der hl. Thomas v. Aquino*, I. Regensburg, 1858.

(1) Cf. CAYRO, p. 169.

(2) WERNER, p. 5 ; CAYRO, p. 172.

(3) TOSTI, II, 202.

la rhétorique, la poésie et toutes autres branches des connaissances séculières étaient de leur compétence (4). Ainsi le voulait leur règle : acceptant des oblats de cinq et de sept ans, elle se chargeait par là-même de leur instruction (5). Le réformateur de l'Ordre au VIIIe siècle, saint Benoît d'Aniane, était entré pleinement dans ces vues, organisant l'enseignement du chant, formant des professeurs, s'entourant de grammairiens et d'exégètes, amassant une foule de livres (6).

Les grandes abbayes — *famosiora coenobia* — devinrent peu à peu de véritables universités où des religieux déjà fort instruits trouvaient des maîtres hors pair : *monachi omnium doctissimi* (7). Le Mont Cassin appartient par définition à cette catégorie de monastères ; de plus il venait de traverser, à l'époque où nous sommes, une période exceptionnellement prospère ; les noms de Berthaire, de Paul Diacre, de Constantin l'Africain, de l'abbé Desiderius surtout, lui avaient fait une réputation européenne (8).

On enseignait tout — ou peu s'en faut — dans ces Ecoles bénédictines, universités à l'américaine, où l'enfant entrait illettré, d'où il sortait humaniste, orateur, philosophe, savant, théologien.

Un moine doit savoir avant tout lire, écrire et psalmodier : ce seront les premières matières (9) du programme commun

---

(4) « Erat autem his temporibus... haec consuetudo celeberrima ut scholae monachorum in singulis fere coenobiis haberentur, quibus non saeculares homines sed monachi moribus et eruditione praeficiebantur nominatissimi, qui non solum in divinis scripturis docti essent, verum etiam in mathematica, astronomia, arithmetica, geometria, musica, rhetorica, poesi, et in ceteris omnibus saecularibus litteraturae scientiis eruditissimi ». — TRITHEMIUS, *Chronicon Hirsaugiense*, anno 890. Ed. Francfort, 1601. Ce texte vaut *a fortiori* : de 890 à 1200, les écoles monastiques n'ont cessé de grandir.

(5) « (Regula) oblatos in monasterio pueros (cap. 59), hoc est aliquando quinquennes, aliquando septennes, aut non multo provectiores, suscipi jubet ; quorum proinde in litterarum studiis institutionem in se suscepit. » — *S. P. Benedicti regula commutata*, c. 48, P. L. t. 66, col. 720.

(6) « Instituit cantores, docuit lectores, habuit grammaticos et scientiae scripturarum peritos, librorum multitudinem congregavit. — *Vita*, c. 27, dans *Acta SS. O. B.* Saec. VIII, p. 192, B. Venet.

(7) « In solis famosioribus coenobiis constituebantur ad officium docendi alios monachi omnium doctissimi, et non solum in divinis sed etiam in saecularibus litteris eruditi, ad quos mittebantur monachi altioribus disciplinis erudiendi. » — TRITHEMIUS, *loc. cit.*; cf. ZIEGELBAUER, *Hist. rei litter,* O. S. B., I, 189.

(8) SCHMIDT, I, 539 (art. *Benediktiner).*

(9) SCHMIDT, I. 543 : « Unterrichtsgegenstaende waren zunaechst, als notwendigste Erfordernisse eines Moenchs : Lesen, Schreiben, Psalmensingen ».

des novices et des oblats, et répondant à notre enseignement primaire.

Un second cycle comprend la lecture des classiques, tels que Cicéron, Salluste, Virgile, Ovide, Lucain, Térence; la rhétorique, avec Cicéron et Quintilien pour guides; la philosophie étudiée dans saint Augustin et Boèce, plus tard dans Aristote (10). La lecture des poètes menait à la versification, que le Moyen-Age estimait si fort, et l'imitation des grands classiques formait au goût et au sens littéraire personnel (11). Les sciences pures et appliquées, elles aussi, étaient cultivées dans les écoles monastiques; c'étaient l'arithmétique, la géométrie, l'arpentage, l'astronomie, la géographie, les sciences naturelles (12). La première école de médecine fut précisément celle de Salerne, fondée par des disciples du Mont Cassin (13).

On le voit, l'enseignement « moyen » côtoie ici l'enseignement supérieur. Vers 1200, toutefois, celui-ci devint l'apanage presque exclusif des universités.

Le précédent programme résume l'activité coutumière des écoles monastiques médiévales, mais jamais il ne fut rigoureusement formulé. Par bonheur, Alfanus de Salerne a entrebâillé pour nous l'huis des salles de cours au Mont Cassin. Il écrit, en effet, au novice Theodinus (14) :

> Felix illa dies, toto felicior anno,
>   Quae tua luminibus contulit ora meis.
> Tum prius agnovi modo quod facit omnibus horis
>   Divino pectus igne calere tuum.
> Lectio psalmorum, numerus, modulatio, cantus
>   Jus tibi secreti, cum prece juncta, dabant.
> Quam poteras leviter pedibus dare carmina versus,
>   Quamque frui prosa comparibusque metris,
> Quisquis in oppositis esset, dissolvere nodum,
>   Dignaque civili dicere verba foro (15).

(10) SCHMIDT, I. 543.

(11) *Ibid.*

(12) *Ibid.* : Auch die mathematischen und realistischen Wissenschaften, Arithmetik, Geometrie und Feldmesskunst, Astronomie, Geographie, Naturkunde und Medicin waren Gegenstaende des Unterrichts in den Klosterschulen ».

(13) SCHMIDT, I. 539.

(14) Cité par GIESEBRECHT, p. 48 et ss.

(15) Trad. Maury : « Heureux jour, plus heureux que toute une année, celui

L'épître se poursuit, énumérant les sciences après les belles-lettres et faisant entrevoir, chez ces hommes du Moyen-Age, une curiosité universelle, un savoir encyclopédique et un labeur gigantesque. Et Taine — le Taine de 1865 — de dire mélancoliquement : « Voilà ce que le vieux monde féodal et religieux avait fait pour les âmes pensives et solitaires, pour les esprits qui, rebutés par l'âpreté de la vie, se réduisaient à la spéculation et à la culture d'eux-mêmes. La race en subsiste encore, seulement ils n'ont plus d'asile, ils vivent à Berlin, à Paris, dans des mansardes ; j'en sais plusieurs qui sont morts ; d'autres s'attristent et se raidissent ; d'autres s'usent et se dégoûtent. La science fera-t-elle un jour pour ses fidèles ce que la religion a fait pour les siens ? Y aura-t-il un Mont-Cassin laïque ? (16) »

Quel élève fut saint Thomas ? — Nous ne savons de lui qu'une chose : qu'il était avide de s'instruire, principalement des choses de Dieu. Il dut faire, en tout cas, de fortes humanités ; la force lumineuse et subtile de sa prose, la richesse et l'éclat de ses vers en témoignent. Il utilisa les sciences avec un égal bonheur, si l'on en juge par ses commentaires sur les traités scientifiques d'Aristote et l'affection que lui voua Albert le Grand. En date du 3 mars 1256 le Pape Alexandre IV nommera frère Thomas « un homme qui dispose, grâce à Dieu, d'un véritable trésor de connaissances scientifiques (17) ».

qui offrit ton visage à mes yeux ! C'est alors seulement que j'ai su ce qui fait à toute heure brûler ton cœur d'un feu divin. La lecture des psaumes, la prosodie, le chant, avec cela la prière, te méritaient le privilège de la retraite. Comme tu savais allègrement versifier, te délecter de prose et de strophes, résoudre une difficulté, quel que fût le contradicteur, et trouver des paroles dignes de la tribune aux harangues. »

(16) *L'Italie et la vie italienne.* — *Revue des Deux-Mondes,* 1ᵉʳ janvier 1865. T. LII, p. 166.

(17) Voir ce document à sa date, dans le Cartulaire de la Sorbonne.

II

De l'école passons à la bibliothèque. La Chronique de l'abbaye nous apprend que le grand Desiderius fit copier de nombreux ouvrages patristiques ; les historiens Tacite, Josèphe, Jornandès, Anastase, Grégoire de Tours ; les poètes Homère, Térence, Virgile, Ovide (les Fastes), Sedulius, Juvencus ; le grammairien Donat ; des écrits philosophiques de Sénèque et de Cicéron. Nous ne citons que les principaux : l'énumération complète occupe près d'une colonne dans Migne (18).

Ces manuscrits eux-mêmes entraient dans une bibliothèque déjà fort riche. Caravita (19) énumère avec complaisance les « codici » anciens, si rares et si jolis. Voici, du VI⁰ siècle, une version latine, par Rufin, du Commentaire d'Origène sur l'Épître aux Romains, « *con bellissima scrittura onciale* (20) » ; voilà les Quatre Évangiles « *in 4⁰ piccolo, bellissima scrittura latina, dell' VIII secolo con lettere e figure miniate* (21) ». De graves sentences sur le livre de Job, en écriture lombarde du X⁰ siècle, s'égayent « d'initiales coloriées, de figures d'hommes ou d'oiseaux (22) » ; les austères *Moralia* de saint Grégoire le Grand ont fourni le texte d'un exemplaire de luxe. « Les initiales sont d'une beauté achevée... ; ce manuscrit, aux caractères originaux, est unique entre les « codici » antérieurs à l'âge d'or de l'abbé Desiderius (23) ». Un peu plus loin Caravita nous apprend ce qui fait, à ses yeux, la « bellezza » d'un manuscrit : il loue le

(18) *Chron. Cas.* III, 63. P. L., t. 173, col. 800.
(19) *I codici e le arti a Monte Cassino,* 11.
(20) *Ibid.,* pp. 13 et 14.
(21) *Ibid.,* p. 14.
(22) *Ibid.,* p. 27.
(23) Belle ed abbastanza finite lettere iniziali. — Serbano un carattere speciale che non m'occorse vedere in altri codici anteriori all' aurea età di Abate Desiderio. — CARAVITA, p. 33.

ms. 269.172 pour l'harmonie des couleurs et la correction absolue du dessin (24).

Tout cela cependant n'était qu'un prélude; en 1231, la bibliothèque se parait de toutes les richesses dues au passage de l'infatigable Desiderius. Une vieille tradition nous représente saint Thomas enfant, secoué par des sanglots et subitement rasséréné à la vue d'un beau manuscrit. Aurait-il appris à lire dans l'évangéliaire enluminé du VIIIe siècle, ou dans le Virgile du grand abbé ? — Que pouvait-on refuser au petit-neveu de Frédéric Ier, au filleul d'Honorius III (25), au neveu de l'Abbé ?

III

Plus que ses maîtres et ses livres, Thomas d'Aquin aimait l'Eglise du monastère. Elle était, en 1231, telle que l'avait reconstruite « le quatrième fondateur et bâtisseur du Mont Cassin (26) ». Desiderius, prince de Bénévent, né en 1027, abbé du Mont-Cassin à trente ans, dès 1057, Pape sous le nom de Victor III en 1068 et mort à la même année. Or écoutez le chroniqueur Léon d'Ostie :

Anno ordinationis suae nono, divinae autem Incarnationis millesimo sexagesimo sexto, mense Martio, indictione quarta — constructa prius juxta infirmantium domum non satis magna beati Petri basilica in qua videlicet fratres ad divina interius officia convenirent — supradictam beati Benedicti ecclesiam tam parvitate quam deformitate thesauro tanto tantaeque fratrum congregationi prorsus incongruam [Desiderius] evertere a fundamento aggressus est (27) ».

La splendeur de la nouvelle église répondait pleinement

(24) « Lettere belle per accordo di tinte, abbastanza corrette nel disegno ». — CARAVITA, p. 34.
(25) WERNER, p. 5.
(26) *Chron. Cas.*, III, Prol. — P. L., t. 173, col. 711.
(27) *Ibid.*, III, c. 28, col. 746.

à la magnificence de cet exorde. Qu'on en juge par la description de Léon d'Ostie, résumée par M. E. Bertaux (28).

Par vingt-quatre gradins de marbre longs de trente-six coudées nous arrivons « sous un porche voûté d'arêtes, et dominé, à droite et à gauche, par deux tours élevées au-dessus de deux chapelles, dont l'une est dédiée à saint Michel et l'autre à saint Pierre. Au milieu de l'atrium est un puits qui communique avec une profonde citerne. Les colonnes, au nombre de huit de chaque côté, sont des fûts monolithes, surmontés de chapiteaux antiques. Les murs de l'atrium, à l'extérieur et à l'intérieur, sont revêtus de fresques représentant des histoires de l'Ancien et du Nouveau Testament. Les arcades, sur la face du portique qui touche à l'église, sont ornées de mosaïques, au-dessus desquelles un bandeau porte une inscription métrique en lettres d'or. Sur cette face du portique les voûtes d'arêtes sont également décorées de mosaïques, comme aussi les tympans des trois portails.

« On entre dans la basilique en poussant la porte de bronze dont les deux vantaux couverts d'inscriptions donnent le dénombrement du peuple d'églises dont l'église du Mont Cassin était la reine. L'étroit tapis de mosaïques de marbre qu'on a foulé en faisant le tour du portique, se développe à l'intérieur de l'Eglise et couvre le pavé des trois nefs d'une longue suite de rectangles, d'étoiles et d'enroulements. Les murs, au-dessus des dix colonnes antiques qui, de chaque côté de l'église, séparent les nefs, sont ornés de peintures. La charpente même est peinte. Au fond de l'église les couleurs mates font place aux mosaïques, plus riches et plus brillantes. Dans l'abside le Christ triomphe, entouré de saints... »

Un merveilleux mobilier de marbre et de métaux précieux achève, au milieu de l'église, la décoration du parvis et du sol. La clôture du chœur est formée de grandes plaques de marbre... Dans cette enceinte s'élève, près de l'ambon, en

_____

(28) E. BERTAUX, *Histoire de l'Art dans l'Italie méridionale*, pp. 160 et ss. — *Chron. Cas.*, III, passim.

(29) ALBERS, *Consuetudines O. S. B.*, Munich, 190... T. II, passim.

bois peint et doré, le candélabre du cierge pascal : une colonne d'argent doré, de sept coudées, qui repose sur une base de porphyre. D'énormes pièces d'orfèvrerie, disposées sur plusieurs rangs, encombrent le sanctuaire : colonnes d'argent, « poutres de gloire » dorées, icônes d'argent et d'argent doré, candélabres et couronnes d'une richesse inouïe. « Enfin, au milieu de ces portiques de métaux précieux, l'autel lui-même est décoré de miniatures exécutées en or pur et en émaux : les figurines champlevées et cloisonnées représentent, avec quelques scènes de l'Evangile, les miracles de saint Benoît ».

Chaque dimanche — ainsi le voulaient les *Consuetudines* de Subiaco (29), valables sans doute pour le Mont Cassin — les *fanciulli* assistaient aux offices dans la Basilique. Quel commentaire du verset psalmodié par eux : *Domum tuam decet sanctitudo !* Quelle formation artistique, après la formation littéraire reçue dans les salles de classe ! Aux jours de grande fête c'étaient de nouvelles splendeurs qui ravissaient Léon d'Ostie et nous ont valu des pages où se mêlent la tendresse et la fierté.

« On tirait du trésor les vases couverts de gemmes et d'émaux et les Evangéliaires aux plats d'ivoire et d'or qui avaient été donnés par Agnès, impératrice de Germanie, par Romanos, empereur de Constantinople, par les marchands d'Amalfi ; on pendait dans le chœur les deux tapis sarrasins qui étaient un présent de Robert Guiscard... A la fin du XI siècle, la plupart des richesses accumulées par des papes comme Léon III ou Pascal I avaient déjà disparu dans les orages qui avaient fondu sur le Latran et sur Saint-Pierre. Ce sont les moines du Mont Cassin qui revêtent les ornements pontificaux du pape Victor II, rachetés aux usuriers de Rome par l'abbé qui devait être Victor III. Au temps de Desiderius il n'y avait dans tout l'Occident rien de comparable à la basilique du Mont Cassin : Alfanus de Salerne, dans la description poétique des travaux accomplis par son

---

(30) Expression d'Orderic Vital, citée par MONTALEMBERT, VI, 271 : « Dulcis cantilena divini cultus, quae corda fidelium mitigat ac laetificat. »

illustre ami, va chercher les comparaisons en Orient, parmi les pompes légendaires des édifices rutilants d'or, le temple de Salomon et l'église de Justinien ».

A la joie de voir s'ajoutait, pour les novices et oblats, la joie d'entendre. Nous sommes chez les Bénédictins et donc chez des maîtres de musique religieuse. Touchantes mélodies du culte divin ! Elles versaient toujours aux cœurs la tendresse et l'allégresse tout ensemble (30) ; que pouvait-ce être dans ce cadre féérique, en ces jours solennels ? Un jour, saint Thomas se souviendra des chants qui avaient bercé sa pieuse enfance ; et il donnera du chant d'Eglise cette admirable définition : *Canticum est exsultatio mentis, de caelestibus habita, prorumpens in vocem* (31).

Enfin, comme Sainte-Sophie et Sainte-Marie-Majeure, comme les cathédrales de Strasbourg, Rouen, Reims et Cambrai, comme les églises monastiques de Corbie, Saint-Martial, Gandersheim et Saint-Alban, la basilique du Mont Cassin dut s'ouvrir souvent aux drames liturgiques, si émouvants et si goûtés. (32).

IV

Ecole, Bibliothèque et Basilique étaient comme la flamme, la lumière et la chaleur d'un même foyer : le Monastère lui-même. Saint Thomas y entrait au meilleur moment. L'abbé Desiderius avait été un novateur trépidant et un constructeur infatigable ; le recueillement et l'étude ne pouvaient qu'en souffrir, et aussi la jouissance calme des beautés naturelles et artistiques de l'abbaye maternelle. Au XIVe siècle, Boccace peut constater l'irrémédiable décadence (33).

Le séjour de saint Thomas se place à égale distance de ces

(31) *In Psalm.*, Prol.
(32) DE COUSSEMAKER, *Drames liturgiques du Moyen-Age*, Paris, 1860. — Page VII.
(33) SCHMIDT, L. L. 547.

deux moments. Autour de lui s'épanouissait, résultante et instigatrice à la fois de ferveurs touchantes, une vie intellectuelle et artistique intense. La farouche austérité de saint Bernard avait échoué là; « l'Italie méridionale, dit M. Bertaux, le mieux informé des historiens compétents, n'a pas été hospitalière... aux moines de Cîteaux » (34). L'art du Mont Cassin poursuivait donc son évolution. Art raffiné, fait de traditions gréco-latines et carolingiennes, et d'apports orientaux; évolution curieuse où luttent pour l'hégémonie la solennité antique et la subtilité byzantine.

En un tel milieu les plus réfractaires aimèrent ce que le biographe de saint Gérard appelle l'indispensable joliesse : « *necessaria venustas* (35) ». Dans les fêtes scolaires, le théâtre (36) avait sa place, auprès de gracieuses liturgies. Les moines peintres, sculpteurs sur bois ou architectes étaient accueillants aux élèves bien doués et désireux d'apprendre (37). On se représentait le Paradis lui-même à la façon riante et plastique des artistes. La bibliothèque montrait avec orgueil — elle les montre encore — les distiques envoyés à un novice par un archevêque, Alfanus de Salerne, le grand ami de Desiderius et du Mont Cassin (38).

« Si tu obtiens la palme après ton séjour en ce monde, tu jouiras à l'aise du don de Pierre. L'auteur même de la tranquillité ne te fera plus défaut : il t'accorde tout ce que tu lui demandes en fait de parfums. Il cultive un jardin rempli de

---

(34) E. BERTAUX, I, p. 809.

(35) « Sarcinatus lapidibus porphyreticis quos ad sua vir Dei transvehebat causa *necessariae venustatis* ». — *Vita S. Gerardi*, dans *Acta O. S. B.*, saec. V, p. 274.

(36) SCHMIDT, art. *Schulfeste*, VIII, 18-19. — Cf. I, p. 543.

(37) SCHMIDT, art. *Mittelalterliches Schulwesen*, par H. KAMMEL. — IV, p. 1057.

(38) Autre fragment de la lettre à Theodinus (trad. Maury) :

> Si capies palmam, mundi statione peracta,
> Munera qua Petri perfruiturus eris.
> Mox tibi nec deerit fundator et ipse quietis;
> Prestat aromatico si quid odore petis.
> Ortum condensis plenum speciebus et herbis
> Hic colit ; ex his sunt homina nota michi.

V. dans GIESEBRECHT, p. 53.

plantes variées et drues ; j'en connais les noms ». Ceux-ci, il les faut citer en latin et en savourer la fluidité virgilienne :

> Balsama, narcissus, candentia lilia, mirtus,
> Cassia, serpillum, cinnama, tura, timus.

Ne trouvez-vous pas que ce délicieux saint Benoît, *fundator quietis* et jardinier céleste, évoque, par-delà onze siècles, le vieillard de Tarente.

Cet humaniste avant la lettre, cet archevêque peuplant le paradis de souvenirs classiques, était bien de son époque. « Des beautés terrestres vers celles de l'au-delà » : telle pourrait être la devise des moines médiévaux. Le paganisme de Taine s'émeut devant leur facilité ingénieuse à évoquer Dieu devant toute beauté créée, devant les sites grandioses surtout, où les grands fondateurs aimaient à bâtir. « Tous les matins, les yeux retrouvent les grands bois reposés sur la croupe des montagnes et les assises des nuages allongées au bord du ciel. Les rocs s'éclairent, la cîme des forêts tremble sous la brise qui s'élève, l'ombre tourne au pied des chênes, et l'esprit prend le calme et la monotonie de ces lents spectacles dont il se nourrit. Cependant, les répons des moines bourdonnent vaguement dans la chapelle ; puis leurs pas mesurés bruissent dans les hauts corridors. Chaque jour, les mêmes heures ramènent les mêmes impressions et les mêmes images... Une lumière passe, et tout d'un coup les yeux voient comme une nouvelle terre et un nouveau ciel... Cent fois par jour les choses divines deviennent palpables. La lumière ruisselle dans la brume matinale, aussi chaste que le front de la vierge ; les étoiles luisent comme des yeux célestes et, là-bas, quand le soleil tombe, les nuages s'agenouillent au bord du ciel, comme un chœur enflammé de séraphins.

« Plusieurs moururent, perdus dans des extases ou noyés d'une langueur divine. Ce sont les grands poètes du Moyen-Age (39). »

---

(39) H. TAINE, *Voyage aux Pyrénées.* Paris, pp. 205 et ss. passim.

Et cela, sans doute, est bien incomplet : la vie religieuse a tout à la fois plus d'étendue et de profondeur. Au moins Taine a-t-il su exprimer à merveille le désir du divin, ce tourment délicieux des moines d'autrefois. Saint Thomas écolier l'a-t-il ressenti ?

On dira peut-être que le petit comte d'Aquin, grave, positif et froid, songeait uniquement à meubler son intelligence ; qu'il passa sur le grand mont, hostile à toute mystique et les yeux fermés aux beautés artistiques et naturelles. Comment expliquer, en cette hypothèse, sa vocation irrésistible et sa sainteté, d'une part et, d'autre part, certains traits vifs et pittoresques entrés dans ses plus doctes commentaires ? Dans les *Météorologiques* paraissent les laveuses de la Seine ; elles manient un battoir agile dont il voit le mouvement avant d'entendre le bruit (40). Plus loin des gamins enflent au bout d'un chalumeau des bulles de savon irisées (41). Celui qui, professeur austère, observait ces menus détails, ne vivait pas les yeux clos à douze ans.

Sans doute nous le voyons grave et déjà silencieux, en attendant que ses frères de Cologne l'appellent — oh ! le surnom déplaisant et lourd ! — le bœuf muet de Sicile. Haut et droit, bel (42) adolescent non encore enlaidi par l'obésité, il portait dignement l'habit bénédictin, obligatoire pour tous les oblats. Son âme vibrait, inquiète, sous ces dehors froids. Dès l'âge de trois ou quatre ans, il a des parents très chers et très proches à la Croisade ou aux guerres d'Italie (43). Ils suivent la fortune de Frédéric II et son cœur est tiraillé entre le Pape qu'ils combattent et son amour filial si vif et si profond (44). En 1231, le 1er juin, un violent tremblement de terre secoue le monastère où il vient d'entrer (45) ; en 1236 meurt son oncle, le paternel et pieux abbé Sinibald (46).

(40) V. S. TH. Opera, Parme, 1866. — T. 19, p. 383 *b*.
(41) *Ibid.*, p. 398 *b*.
(42) ENDRES, p. 98 *a*. « Hohe und gerade Gestalt, von maennlicher Kraft zeugende Erscheinung, maechtiges Haupt ».
(43) CAYRO, p. 159.
(44) ENDRES, p. 95 *b* ; *passim*.
(45) TOSTI, II, 202-205.
(46) *Ibid.*

Ses études risquent à tout instant d'être interrompues par les soudards de Frédéric II.

En 1239 ils entrent dans l'abbaye (47) que quittent moines, novices et oblats. Saint Thomas porte encore l'habit bénédictin et ses parents, gibelins ardents, espèrent plus que jamais le voir un jour abbé du Mont Cassin. Pour se concilier plus encore la faveur impériale, ils le font entrer à l'université de Naples (48), fondée et encouragée par Frédéric. Ils comptaient sans leur saint enfant, mûri par la science, l'édification et la douleur; il allait leur montrer ce que peut, contre l'ambition d'une famille, la grâce de Dieu.

(47) Richard de SAN-GERMANO, *Chron.*, ann. 1239.
(48) ENDRES, 18 *b*.

Les Questions

Ecclésiastiques

paraissent le 10 de chaque mois, en un fascicule in-8° d'au moins 96 pages, soigneusement imprimées sur beau papier. Elles forment annuellement deux volumes d'environ 600 pages pour chacun desquels il est fourni une couverture, une feuille de tête et quatre tables diverses : Auteurs, Actes du Saint-Siège, Bibliographie, Analytique.

L'abonnement court de janvier à janvier.

PRIX : France et Alsace-Lorraine . 12.00
Europe . 13.50
Hors d'Europe . 15.00

Prière de s'adresser, pour ce qui concerne l'administration, à M. l'Administrateur de la Revue, 15, rue d'Angleterre, à Lille. Envoyer ce qui regarde la rédaction et les ouvrages pour comptes-rendus, à M. QUILLIET, Professeur à la Faculté de Théologie, et Directeur des *Questions Ecclésiastiques*, 3, rue d'Isly, Lille. — Secrétaire de la Rédaction : M. l'abbé DEHOVE, Professeur de Philosophie à la Faculté des Lettres, Docteur ès-lettres.

Ancien Directeur-Fondateur : Mgr CHOLLET, évêque de Verdun.

www.ingramcontent.com/pod-product-compliance
Ingram Content Group UK Ltd.
Pitfield, Milton Keynes, MK11 3LW, UK
UKHW020120100726
13658UKWH00005B/2284